Dos otoños a tu lado.

Edgar Corona Grajales

100 versos de amor.

Esta obra literaria está dedicada para la musa de mis versos,
quien con su arte me inspiro en todo momento.

Ojitos de gato, *eres el sueño de mis noches y la realidad de mi*
despertar, te dedico este libro de poemas como una muestra
de mi amor, espero que lo disfrutes y sientas mi pasión.

Te amo con todo mi Corazón.

Antes de comenzar.

Este libro es una compilación de poemas inspirados en la cotidianidad de una relación, por lo tanto, hay poemas de amor, de tristeza, de pasión y de odio, entre muchos otros más.

Los poemas fueron escritos en verso, imprimiendo un poco de creatividad para darle ese ritmo y esa rima típico de ese estilo de poemas, no obstante, también encontraras otros más libres, desprovistos de estas estructuras, pero mucho más profundos, como una plática directa con el autor, con tintes oscuros y crudos que reflejan la verdadera esencia e intención del poeta.

Por ello y consciente de la importancia de mantener tu interés, he dispuesto pausas entre los poemas, buscando evitar la tediosidad y motivándote a recorrer cada verso con curiosidad.

Como complemento, encontrarás una sección con datos interesantes sobre la poesía. Mi intención con esto, es despertar tu curiosidad y sumergirte en este hermoso universo literario.

Además, reservé un espacio didáctico para que te involucres con tus propias historias.
El límite lo pones tú.

Lo hice con el afán de animarte a recordar momentos de tu vida y que las plasmes de la manera que más desees, pero sería increíble que lo intentaras con algún estilo literario. Este libro es también un lienzo para tus experiencias.

Después de este breve preámbulo, embarquémonos juntos en las aguas del tiempo, y viajemos a través de las estaciones de una vida fugaz.

¡Disfruta el viaje!

Capítulo 1.

Otoño.

En los muchos jardines que hay por todo el valle,
¡de fogatas de otoño mira el humo que sale!
Ya se marchó el verano con sus flores y zumos,
la fogata crepita, hay grises torres de humo.

¡Canta a las estaciones! ¡Algo brillante y hondo!
¡Flores en el verano, fogatas de otoño!

Robert Louis Stevenson

Me enseñaste a bailar.

Me enseñaste a bailar
Con tu ritmo y tu pasión
Y me hiciste vibrar
Con tu música y tu corazón

Me enseñaste a bailar
Con tu gracia y tu elegancia
Y me hiciste soñar
Con tu arte y tu fragancia

Me enseñaste a bailar
Con tu fuego y tu emoción
Y me hiciste volar
Con tu luz y tu ilusión

Me enseñaste a bailar
Con tu amor y tu entrega
Y me hiciste amar
Con tu alma estratega

Los terrenitos.

Costó mucho, casi año y medio,
un sueño que parecía sencillo,
mes tras mes, esfuerzo constante,
hasta que al fin, lo logramos adelante.

Completamos el pago, sin desmayar,
de unos terrenos, tierra por soñar.
Unos terrenos que nos darán felicidad,
y más tarde, frutos de prosperidad.

Fue un sacrificio que hicimos los dos,
un esfuerzo que algún día nos dará voz,
no importa cuánto se alargue el tiempo,
siempre estarán ahí, bajo el firmamento.

En un futuro temprano, lo visualizo,
en una casa o negocio, se harán camino,
y con sus frutos nos alimentarán,
pensando en la vejez, en la vida que vendrá.

Amor desnudo.

En la danza del amor, sincero y puro,
nos encontramos, en un espacio seguro.
Pero, oh, la tristeza que en mi corazón persiste,
Por no llevar ropa, ¡qué triste!

En la desnudez, todo se muestra y revela,
cada lunar, cada curva, cada huella.
La ropa es un velo, un misterio que encanta,
desnudos somos libros, una pieza que ataranta.

El pudor es el juego que jugamos con gracia,
el misterio del cuerpo, una obra con diplomacia.
Pero en la desnudez, todo se aclara,
Las marcas en la piel, nuestra historia declara.

Oh, la tristeza de estar completamente desnudo,
Sin trajes ni ropas que oculten el rudo.
Pero en esta sátira, dejemos el lamento,
Que el amor desnudo, es un eterno aliento.

Cartas.

Me dijiste que las cartas eran tu encanto,
y en mi memoria, ese detalle es tanto.
No creas que olvidé, te lo aseguro,
en este poema, mi sentir es puro.

Quise unir lo que amas con mi propia esencia,
cartas y poemas, con gran reverencia.
Una fusión de lo tuyo y lo mío,
en cada palabra, un lazo que ansío.

No es diario, pues la costumbre amenaza,
pero de vez en cuando, la llama abraza.
Cartas con poemas, mi conexión,
despertando la lumbre, con la emoción.

Así te entrego mi sentir sincero,
en cada línea, un verso verdadero.
Porque lo que a ti te gusta, es mi arte,
cartas con poemas, algo para amarte.

Primera vez.

En la alcoba rechinante, desnudos al final,
la primera vez juntos, un acto celestial.
Tiramos el colchón, al suelo, sin temor,
aventureros del placer, explorando sin pudor.

Nuestra primera vez, fue un fuego encendido,
en la penumbra, los cuerpos entrelazados, un
gemido.
Apasionante encuentro, sin mirar atrás,
solo saciar el deseo, en un vaivén voraz.

Deseosos de calor, de la piel y el roce,
de la penetración profunda, un cómplice goce.
Un cambio de amor, en cada beso sentido,
la primera vez juntos, un recuerdo compartido.

En esa cama que guardó susurros y secretos,
nos entregamos al deseo, en giros discretos.
Nuestro único interés, el amor en su esencia,
en nuestra primera vez, una conexión intensa.

Operación Sombra.

En la noche, el presentimiento llegó,
sin darme cuenta, la muerte pasó.
Sentí su crueldad, fría y sigilosa,
y debo avisarte, no fue nada religiosa.

"Operación Sombra", nombre tenebroso,
tejiendo penumbras, un destino moroso.
Tras malhechores, en la oscura senda,
entre montes, nuestra misión se encomienda.

Pero tarde me di cuenta, en mi aflicción,
un mensaje a ti envíe con confusión.
Te expresé mi amor, sincero y profundo,
y pedí auxilio para los míos en ese segundo.

Con trámites de pensión, por mi partida vecina,
dejé en tus manos el cuidado y la rutina.
Aun no entiendo qué cruzó en mi pensamiento,
sintiendo el final, un destino en aumento.

Solo buscaba certeza en mi despedida,
dejar todo en orden, antes de la partida.
En esa noche donde el destino se escribía,
un poema de vida o muerte, mi melodía.

Sexo por paquetería.

Dieciocho juguetes de amor y pasión,
Por paquetería, llegó la excitación.
Qué gran emoción, en cada caja escondida,
Esposas de terciopelo, y látigos en medida.

Juguetes de amor, una sinfonía vibrante,
Dieciocho piezas, en pasión delirante.

Introduciendo ideas al cuerpo disfrutamos,
experimentamos con dados, al azar invocamos.
Diferentes texturas, colores que hablan,
el juego del amor que todos entablan.

El látigo danza, como un rayo fugaz,
ataduras abrazan, creando su propio compás.

En una habitación teñida de rojo intenso,
solo un testigo, en ese esplendor inmenso.
Del anillo al corazón, la pasión desata,
exhalación de emociones, la llama que arrebata.

Con cada juguete, la intensidad se eleva,
como un huracán de deseo que nos lleva.
En la danza del amor, hipérbole encantada,
Dieciocho juguetes, la pasión desbordada.

Así, en este juego, donde la exageración es arte,
de dieciocho centímetros, en la pasión, te parte.

Ojos de gato.

Bajo la luna de un cielo estrellado,
tu mirada, ojos de gato encantado,
destella misterio y fulgor dorado,
en la noche, mi alma lo ve culminado.

Tus ojos de gato, profundos y astutos,
reflejan secretos en su brillo puro,
como las sombras en un rincón oculto,
guardan en su fuego un deseo seguro.

Cuando parpadeas, la magia despiertas,
y en tus ojos de gato, el amor conciertas,
un lazo que une nuestras almas inquietas,
como un eterno hechizo que no se suelta.

Ojos de gato, mi guía en la obscuridad,
tu mirada ilumina mi realidad,
en tu reflejo encuentro mi paz,
en tus ojos, mi amor, mi eternidad.

¿Sabías qué?

Los poemas más antiguos conocidos datan de hace más de 4000 años, y fueron escritos por Enkheduanna ("adorno del cielo"). Ella fue princesa del gran reino de Mesopotamia, y Suma Sacerdotisa del dios de la luna, Nannar. Dedicó muchas horas a la escritura. Se sabe que escribió 42 himnos que fueron reconstruidos a partir de 37 tablillas de escritura cuneiforme, la forma de escritura más antigua conocida. Actualmente esos himnos se conocen como "Los himnos de los templos sumerios".

Mi futura viejita.

Espero que algún día entiendas,
en esta sociedad que juntos tejemos,
con fuerza y amor, construimos sendas,
hasta que la vejez, en nuestros ojos vemos.

Así, en nuestro viaje, mano a mano,
encontramos en la lealtad, un regalo.
La chispa que nunca se ha apagado,
brilla en nuestros corazones, hasta el último año.

No importan las tormentas que nos acechen,
nuestra unión es sólida, como roca en la fuente.
Cualquier desafío que se nos presente,
con amor y lealtad, siempre resistente.

Vinos mexicanos.

En la memoria, ese día brilla con nitidez,
en la fila nos encontramos, sin plan, sin altivez.
En un polvoso día, decidimos explorar la
embriaguez.

La gente nos llamaba, como si fuera destino,
en el evento nos colamos, sin otro camino.

En la hacienda con viñedos de grandiosidad,
celebrando los vinos mexicanos, con intensidad.

De las californias a la caribeña península maya,
un punto de encuentro donde el vino nos embriaga.

Esquicitos vinos, de todos los rincones llegaron,
de prueba en prueba, a su sabor nos acostumbraron.

El arte culinario se une a la danza del vino,
tablas de quesos y carnes,
texturas que nos deslumbran, divino.

Nos embriagamos no solo de vinos refinados,
si no, del arte sacro de momentos inolvidados.

En esa experiencia, el encanto se revela,
el hechizo de la embriaguez y
la magia de la botella.

Enojos.

Enojos en el aire, como danza ligera,
Un juego de pasiones, nuestra espera,
Quién tiene razón, en esta danza sutil,
Un duelo de egos, en la noche de abril.

A veces nos hieren con palabras sin tino,
Mas, ¿quién al final es el que pierde el camino?

Si no estás dispuesta a mis risas, te digo adiós,
Busca en otros sueños, donde encuentres tu voz.
Si no tengo humor para tus mimos sinceros,
caminaré solo en mis pensamientos enteros.

Hablaremos con almas, en silente cadencia,
y al extrañarnos, volveremos con calma y paciencia.

No te aferres, amor, a un problema menor,
En este baile eterno, somos uno, lo mejor.
Amar es entender, en cada pequeña herida,
que la clemencia perdure, aunque esté escondida.

Zacatlán.

En Zacatlán de las Manzanas, en días dorados de sol
brillante,
en fechas mágicas nos envolvió, tu encanto
fascinante.

Champagne mexicano, burbujeante alegría,
en tu aroma fresco, el perfume de la fantasía.

Clima suave, como abrazo de los bosques de Suiza,
donde el tiempo se detiene, y la magia se desliza.

Café caliente, aromas que despiertan sueños,
en hoteles acogedores, como cálidos dueños.

Gente amable que nos arropó con sonrisas sinceras,
calles coloridas, como paleta de emociones enteras.

Miradores que pintan paisajes en nuestra memoria,
cabañas junto al río, testigos de nuestra historia.

Zacatlán, siempre en nuestro corazón quedará,
una grata experiencia que el tiempo no borrará.

Quinta Corona.

En la lucha constante,
hemos forjado un camino pesado y lejano;
con esfuerzo y sacrificio, moneda a moneda,
la piedra se alza, firme y serena.

Todo comenzó con un sueño audaz,
una casa que alquilar, un plan sagaz;
ingresos que fluyan, como un río constante,
y muchas propiedades, como tesoros errantes.

Pero el tiempo es un maestro implacable,
y el dinero, un compañero inquebrantable.
Para la luz, los detalles, el agua y los permisos,
y la mano de obra que no admite deslizos.

Pero pronto, oh sí, pronto podremos alardear,
de tener nuestra casa, con vista espectacular;
a la orilla del lago, donde los sueños se posan,
el mundo se despliega, los mapas se engrosan.

Así que sigamos, querido amor, piedra a piedra,
hasta que nuestra casa, nos espere como una estrella;
y desde su altura, contemplemos la vida,
con gratitud y asombro, en esta gran Marsella.

Mi amada poesía.

La poesía es la liberación del ser,
sin miedo al juicio ajeno,
escribir con el alma desnuda,
dejando huella, aunque sea solo en ti,
o quizás trascendiendo como Benedetti o García
Lorca.

Así es la poesía, sublime y grandiosa,
capaz de exagerar o minimizar,
elevando o rebajando el sentimiento.

Un mundo lleno de colores, sombras y matices,
donde puedes ser cursi o sombrío,
donde la expresión fluye sin restricciones.

La realidad es que la poesía
es la puerta a "Narnia"
donde el corazón y el alma se encuentran.

¿Sabías qué?

El sexto emperador de la dinastía Qing, el Emperador Qianlong (1711-1799), aprobó una ley de acuerdo con la cual los autores que escribieran poemas tristes serían condenados a pena de muerte.

Fetiche.

En mi mente caótica yacen
sueños abrazados por fetiches impuros.
Anhelo explorarte sin límites,
desde lo romántico y poético,
hasta lo sádico y masoquista.

Experimentar y disfrutar la sexualidad al máximo,
vibraciones, colores y aromas,
sabores e incluso dolor,
todo es un viaje que debemos explorar.

Bajo la premisa del respeto y el consentimiento,
puedo ser amo y sumiso, o los dos al mismo tiempo,
atarte con correas o bañarte en pétalos de rosas.
Latigazos de placer o caricias heladas con sabor a
romance.

Un abismo de sensaciones por descubrir.
Es todo y nada a la vez.

Malditas inseguridades.

Detesto esas sombras, las inseguridades que te plagian,
un velo que eclipsa tu luz, impidiendo que florezcas.
Que la ropa no abrace tu figura como deseas,
¿y qué dirán, en el murmullo del mundo?, te preguntas.

Permíteme decirte, querida, que sus palabras son eco
vacío,
como hojas llevadas por el viento, sin peso ni sustancia.
No dejes que sus murmullos te arrastren al abismo,
porque tu valía va más allá de las miradas ajenas.

Viste tu esencia con la ropa que anida en tus gustos,
pues la verdadera moda es la que nace de tu autenticidad.
Que la gente hable, que construyan castillos de palabras,
que te resbale como lluvia en el tejado, sin mellar tu
esencia.

Eres una rosa en primavera, despliega tus pétalos con
orgullo,
porque tu belleza compite con la más radiante aurora.

Entiende, preciosa, que la culpa no es tuya,
no es tuya si no ves tu reflejo en el espejo de las
opiniones.
Eres la dueña de tu propio jardín,
verás cómo las espinas de la inseguridad se desvanecen.

Eres hermosa, no lo olvides, como una rosa en su
plenitud,
y si aún no lo notas, permíteme recordarte:
tu belleza no espera la aprobación de nadie más.

Te amo, lo sabes, con cada pétalo de esta rosa que eres.
Pero, más allá del amor que te ofrezco, imploro que te
ames a ti misma.

Pudiera morir ahora mismo.

Totalmente satisfecho, como un espectador de pie en el final de una función con aplausos. Si el destino exigiera mi último suspiro, lo daría sin dudar. He consumado los anhelos de mi niñez, una lista de deseos tachada firmemente. He paseado por la vida, una danza de experiencias donde las risas y lágrimas se mezclan en un vals épico.

He conquistado territorios y corazones, he bailado con la muerte en las caídas con mi vieja moto y he probado los frutos agridulces de amores desvanecidos. Me siento complacido, como el arquitecto de una pequeña casa de ilusiones, donde las paredes susurran historias de éxitos nada mediocres.

El rugido de un auto viejo, testigo de mis travesías, resuena en la monotonía de mis logros.

Cada golpe, cada risa, una marca en la piel de mi existencia. Pero entre las sombras de las victorias mundanas, algo me faltaba.
Tú.

Ahora, el amor se presenta como el epílogo inesperado en esta narrativa profana. El amor que me brindas es el último acto que da sentido a esta comedia trágica. Ironías del destino, la pieza que anhelaba cae en mis manos cuando el telón amenaza con descender.

Con el amor en mi regazo, puedo contemplar la parodia de mi vida y aceptar la conclusión sin drama.
¿Morir ahora mismo?
Es una opción, sí, pero ¿quién dice que la muerte no guarda sus propias sorpresas sarcásticas?
¿Qué tal, si solo es el prefacio a la verdadera vida?

Déjame ser tu refugio.

Ven, bajo mi ala te ofrezco un refugio,
ansío ser el abrazo que alivie tus tormentas.
Te invito a buscar calma en mi ser,
donde el amor fluye como un río eterno.

Déjame ser tus brazos protectores,
guardianes que ahuyentan tus miedos.
Ven, te ofrezco paz en cada latido,
un santuario donde encuentres consuelo.

En tus días pesados, seré tu ángel de la guarda,
una presencia que disipe las sombras.
En las noches de soledad, mi amor será tu compañía,
una luz que ilumine tus rincones más oscuros.

Ven, déjame ser tu refugio,
donde encuentres consuelo en cada suspiro.
Te ofrezco mi ser, un abrazo inquebrantable,
un lazo que te sostiene en la tormenta y en la calma.
Donde se unan nuestros corazones
en un solo latido.

Vístete de pecado.

Vístete de pecado, provocación desatada,
que la lujuria nos arrastre como mareas
embravecidas.

Y verás, al igual que los demás, que, sobre tu
sombra,
me traerás detrás, dócil ante la locura compartida.

En la penumbra, la sumisión se viste de oscuridad,
vístete con el manto de la noche, obscuro ritual.
Viste la piel de provocación, atrevimiento sin piedad,
salgamos juntos, danza del abismo, donde la
oscuridad es capital.

Atrévete a mostrar las armas de tu encanto,
piernas que desfilan en la noche, cautivando la
mirada.
Sensualidad en cada paso, un hechizo que encanta,
vistámonos de pecado de sueños turbios y pasiones
desgarradas.

En la máscara de la lujuria, viste tus sueños más
oscuros,
deja que la noche sea testigo de las sombras que
conjuras.

Soñemos juntos en ilusiones grotescas de pasión,
donde mi sumisión se teja en la oscuridad,
desafiando las censuras.

La gran teoría.

En el tejido de la vida, como Darwin manifestó,
no sobrevive el más fuerte ni el más sabio,
sino el que mejor se adapta al devenir del tiempo.

Así, en esta danza de afectos, nos hemos moldeado,
yo a tus cariños, tú a mis desaires entrelazados.
Un baile donde, a veces, invertimos los papeles,
una coreografía de amor, donde cada paso es único.

Sigamos siendo, amor, maestros de la adaptación,
tejiendo la sinfonía de nuestras circunstancias.
En este viaje, que no caigamos en la monotonía,
ni en el desencanto, sino que florezca la esperanza.

Que cada gesto, como una nota en el pentagrama,
sea una melodía que acaricie nuestra complicidad.

Adaptemos nuestros corazones, como hojas al viento,
en este poema eterno, donde el amor es nuestra
verdad.

Hay historias que escriben las hojas caídas del otoño,
¿Recuerdas algún amor que tengas guardado en el
corazón?, ¿Qué lo hizo ser tan especial?

_____

_____

_____

_____

_____

_____

_____

_____

_____

_____

_____

_____

_____

_____

_____

_____

_____

_____

Capítulo 2.

Invierno.

No es increíble cuanto ven mis ojos:
nieva sobre el almendro florido,
nieva sobre la nieve.

Este invierno mi ánimo
es como una primavera temprana,
es como un almendro florido
bajo la nieve.

Hay demasiado frío
esta tarde en el mundo.
Pero abro la puerta a mi perro
y con él entra en casa calor,
entra la humanidad.

Robert Frost

Villa iluminada.

En la villa iluminada de Atlixco danza la luz,
mil colores, cálidos sabores, un festín seductor.

En familia, caminamos con risas y alborozo,
exploramos rinconcitos, cada uno, un tesoro
hermoso.

El frío se abrazaba a nosotros con firmeza,
pero la navidad, con su alegría, era la fortaleza.

En la memoria, tu brillo persiste como eterna llama,
Atlixco, en tu villa iluminada, la felicidad reclama.

Nos regalaste la niñez que anhelábamos,
en cada luz destellante, y los abrazos que dábamos.

Gracias, Atlixco, por tu esplendorosa villa,
coloreaste nuestros corazones, con magia sencilla.

Negro y rojo.

De la misma manera que todo pasó,
con esfuerzo conjunto, lo logramos los dos.
Quizás no sea mucho, pero ahí están,
nuestros carritos, fieles, nos llevan sin cesar.

Es tan cómodo salir a pasear,
desplazarnos de aquí para allá,
subir nuestras cosas sin premura,
y dar la vuelta con dulce ternura.

Gracias por estos logros, sinceros,
que me recuerdan un antiguo consejo:

"Primero lo que se puede, paso a paso,
y después, lo que se quiere, con abrazo."

Bellas artes.

En ese lugar, nuestro encuentro fue poesía,
la torre Latinoamericana, testigo de nuestra alegría.
Caminamos como marqueses, sin apuro,
sonrisas y charlas, un encanto puro.

Tomados de la mano, disfrutamos la vista,
como Romeo y Julieta, un beso de prisa.
El mundo giraba, mariposas en el estómago,
como una mágica obra de José Saramago.

El hambre nos llamó, el patio abandonamos,
un restaurante esperaba, ansias mitigamos.
Como dos almas hambrientas, llenamos la panza,
un capítulo más en esta historia que avanza.

Bellas Artes fue testigo de nuestra semblanza,
una jornada pintada con colores de esperanza.
De la mano, exploramos el resto de la ciudad,
en un día mágico de nuestra realidad.

La institución del amor.

El amor es como un negocio, una empresa en
marcha,
buscas a alguien que te impulse, no que te
desbanque.
Un aliado en la vida, no un contrincante,
alguien que te ayude a crecer, no que te estanque.

El amor es una sociedad, una institución,
un sistema que requiere dedicación.
Debe haber constancia, siempre dispuesto a dar más,
aceptando la crítica, buscando mejorar.

El amor se construye, ladrillo a ladrillo,
como un castillo, piedra a piedra, sin prisa.
El amor es unión, y en la unión hay firmeza,
supliendo mis debilidades con tus fortalezas.

Hay que sentir la institución del amor,
en cada latido, en cada clamor,
en cada amanecer y cada ocaso,
en la risa compartida y el fuerte abrazo.

Tos de medianoche.

En la salud y en la enfermedad,
un vínculo que desafía el tiempo.
Y tocó la enfermedad,
una sombra que se cierne, un lamento.

Recuerdo aún esa escena lúgubre y fría,
la penumbra danzando en cada esquina, sombría.
Pero en medio de la oscuridad, un rayo de luz surgía,
como destello en la tormenta, mi guía.

Me levanté medio adormilado,
mis pies buscando el camino en la oscuridad.
Sin saber muy bien qué era lo que hacía,
te preparé un té caliente, un bálsamo de claridad.

Un ungüento de eucalipto extendí en tu pecho,
como ruego silencioso al universo deshecho.
Y así estuve, velando toda la larga noche,
mis ojos cansados, mi corazón en derroche.

Esperé pacientemente, como guardián de tu fragilidad,
con compresas frías, suspiros de esperanza en realidad.
Probé remedios ancestrales, antiguos y primigenios,
con fe en el corazón, sin desvíos ni rodeos.

Hoy puedo decir con gusto,
que la enfermedad cedió ante la luz.
Y que, en la salud y en la enfermedad,
seguimos juntos, sin caducidad.

Kira.

Kira, pequeña y sin raza definida,
llegó sin aviso, con ternura compartida,
No le importó su linaje, ni su historia,
solo quería dar amor, sin medida, con euforia.

La vimos llegar, tierna y adorada,
sus ojos curiosos y su cola enredada.
No sabía que sería nuestra compañera,
pero su amor, sin duda, no tendría fronteras.

La presentamos, tú y yo, con alegría,
la perrita llena de amor, ansiosa y confiada,
e hiciste lo impensado, la subiste a la cama,
y la arropaste entre las cobijas, como a un alma.

Esa escena del crimen, tan dulce y sincera,
lo atestigua una foto; la estábamos pasando bien,
tú, yo y nuestra perrita, un ánimo de alegría,
Kira, con su nombre de anime, nos unía.

Tan leal y dócil, como un voto sagrado,
Kira, la guardiana de nuestros días dorados.
Aún recuerdo sus fechorías y sus ojos traviesos,
Las gallinas que cazaba, como los otros sabuesos.

Reparaba de repente, queriendo impresionarnos,
y en cada alboroto, en cada desastre, en cada paso,
Kira, nuestra fiel amiga, sin raza pero con esencia,
nos enseñó que el amor no entiende de apariencia.

¿Sabías qué?

*Se cree que **Laura de Noves** es una de las musas más sobresalientes de toda la historia de la poesía. Petrarca, el poeta más representante del Renacimiento italiano, la inmortalizaría en sus famosos poemas a ella dedicados. Sin embargo, hay quien cree que sólo la vio una vez a la distancia, pero que esa profunda y única mirada bastó para que el poeta compusiera poemas en su honor por más de 21 años, incluso después de que Laura se casara y tuviera 11 hijos en su matrimonio y aun después de su muerte.*

Laura de Noves era esposa del marqués Hugo de Sade, familiar remoto del famoso Marqués de Sade, escritor conocido por sus controvertidos escritos, de quien adquirirá el nombre el "Sadismo".

Supermercado.

En esa rutina semanal, en el supermercado,
donde la vida cotidiana se llena de encanto,
voy observando cómo eliges con cuidado
los productos que llenarán nuestro plato.

Los días de supermercado son especiales,
los más sencillos, pero también hermosos,
pues en cada elección, en cada compra,
veo que tienes todo bajo control, amoroso.

Es maravilloso cómo te preocupas por nosotros,
buscando que nuestra comida sea saludable,
pero también deliciosa, llena de sabores,
cuidando siempre nuestro bienestar abrazable.

Y me conmueve cuando compras algo extra,
como una niña al tomar un juguete o caramelo,
tu expresión inocente, tan dulce, tan franca,
me dice claramente: "¿Podemos, mi cielo?"

Y aún mejor, cuando compras vino o cervezas,
palomitas o alitas para preparar en casa,
sé que esa noche será una velada amorosa,
una noche mágica, de películas y de pasión abrasa.

No todo es bueno.

En la noche oscura de mi alma perdida,
tu amor fue la estrella que se desvaneció,
como un suspiro en la brisa fugaz y tibia,
en la penumbra, mi corazón se sumió.

Las sombras se ciernen, como cuervos oscuros,
en mi mente, el eco de tu ausencia resuena,
el amor que un día fue nuestro futuro,
ahora se desvanece, como hoja en otoño que cae.

Las lágrimas son la tinta de este poema,
mi corazón, un abismo sin consuelo,
en el sombrío rincón de este dilema,
el amor y el dolor se entrelazan en desvelo.

Así, en esta triste y sombría canción,
el amor se tiñe de melancolía y confusión,
un cuadro oscuro de desesperación,
en el cual mi corazón halla su canción.

Un mensaje.

Qué azares del destino,
el habernos conocido,
mediante un mensaje,
que llegó para unirnos.

En el vagón del tren me enamoré,
de tu sonrisa hermosa
y sin dudar ni una vez
a bailar te invité, preciosa.

Temía tu rechazo,
fui prudente, no lo niego,
pero un beso fue el lazo
que selló nuestro encuentro.

Y con un mensaje todo comenzó,
el amor más grande que mi corazón sintió.
Con quien yo quisiera, sin ninguna barrera,
pasar la vida entera, en una danza sincera.

El techo blanco.

En la azotea del placer, ventana al cielo,
miramos la calle, danzaban en el suelo.
Pájaros que trinan, notas de una canción,
sucumbimos al deseo, en ese balcón.

Como mariposas, en el bosque de la pasión,
nos movemos, sin temor, sin restricción.
En el baile del éxtasis, sin importar el qué,
terminamos, dos almas, en un rincón de café.

En el baño de sudor y excitación,
la adrenalina palpita, vibrante sensación.
De ser descubiertos, temor en el pecho,
como pájaros fugaces, en un vuelo deshecho.

La azotea testigo, de nuestra danza clandestina,
la calle murmura, la pasión se avecina.
Vuelo de mariposas, en el danzar desenfrenado,
en el bosque de deseos, nuestro secreto guardado.

Cuervo de montaña

¿Recuerdas aquella mañana brillante?
Caminando en el bosque, fresco instante.
Al contacto de la naturaleza, danza viva,
Subiendo la montaña, aventura cautiva.

La fresca neblina, como abrazo sutil,
Un café caliente, en el alma febril.
La mejor vista, pintura en el lienzo,
Excelente compañía, un tesoro inmenso.

Y aquel malvado cuervo, de plumaje oscuro,
tierno en esencia, pero con un misterio puro.
Acariciando el sol cual gran escultura,
nos hizo pensar en la espesa frescura.

Noche amarga.

En una noche oscura y desconsolada,
mis lágrimas brotaron sin explicación.
Un amargo dolor en mi alma se alojaba,
soñé lo impensable, una realidad sin razón.

Pero tus brazos estuvieron presentes,
abrazando mi cuerpo con calidez y ternura.
Tu alma cálida, mi refugio constante,
consolando mis penas con amor y dulzura.

Con paciencia y sinceridad, me diste consuelo,
escuchaste mi llanto sin ningún oficio.
Comprendiste mis sentimientos sin prejuicio,
nunca olvidaré ese momento, lo juro en desvelo.

En aquella habitación, dos emociones se
encontraron,
tristeza y amor, un torbellino arrollador.
Y en medio de ese caos, pensamientos devoraron,
la única constante, mi vigía y cuidador.

Esa noche desperté llorando en vano,
pero gracias a ti, encontré el consuelo buscado.
Eres el faro en mi noche de verano,
mi refugio eterno, mi razón para haber despertado.

Cadereyta.

En Cadereyta, la noche era nuestra anfitriona,
llegamos tarde, cansados, tras un viaje de
emociones.
No culpo al lugar, sino a las circunstancias,
que pintaron nuestra visita con sombrías tonalidades.

Buscamos posada en avenidas tétricas,
el eco de la llorona en cada esquina,
un ambiente inhóspito, un frío que calaba.
La bienvenida de Cadereyta, una melodía extraña.

Pasamos junto a un cementerio, bajo la luna
desolada,
espectros de nuestra imaginación, en la penumbra
danzaban,
nos persiguieron, susurros en el viento,
la noche en Cadereyta, tal vez un mal momento.

Llegamos al centro, buscando algo de vida,
pero solo encontramos calles vacías.
Unos tacos para calmar el hambre,
pero descanso era lo que clamaba el hombre.

Un hotel sencillo, nuestro refugio en la noche,
buscamos una tienda, pero no funciono el coche.
Cadereyta, oh Cadereyta, no fuiste lo que esperaba,
en mi lista de lugares, no ocupas una buena plaza.

Pero no te guardo rencor, Cadereyta, mi vieja amiga,
quizás bajo el sol, tu encanto se despierta.
Aunque esta vez, tu recuerdo es amargo,
en el libro de mi vida, eres una página abierta.

Bella Notte.

Compartieron espaguetis bajo la luna brillante,
las estrellas, sus testigos en ese instante.
No importaba el estatus, la diferencia en su piel,
su amor verdadero era lo que hacía sentirse fiel.

Juntos caminaron por la vida, lado a lado,
afrontando desafíos con un amor consolidado.
La dama encontró riqueza en su corazón valiente,
el vagabundo halló en ella un amor permanente.

La historia de la dama y el vagabundo real,
demuestra que el amor no conoce un ideal.
En la unión de dos almas que el destino entrelaza,
el verdadero amor se convierte en una amenaza.

Así que aprendamos de esta historia sincera,
que el amor real, trasciende la frontera.
No importa el origen, la clase o la fortuna,
el amor auténtico es más grande que la Luna.

¿Sabías qué?

*El poema más largo es **El Majabhárata**, un poema de la antigua India con aproximadamente 1,8 millones de palabras.*

Amor de noche.

En el jardín de mi alma floreció
un amor secreto y profundo,
cual la llama que arde en la noche,
un fuego que me consume sin tregua.

Tus ojos, luceros que guían mi senda.
Tu voz, melodía que llena mis sueños.

En tu abrazo hallé el paraíso perdido,
y en tus besos, mi anhelo y deseo.

Mas este amor que en silencio cultivo,
como flor escondida en la penumbra,
debe vivir en la sombra y el misterio,
pues el mundo no entiende nuestro secreto.

Así, en la quietud de la noche estrellada,
nuestro amor florecerá a escondidas,
unidos en el lazo eterno y callado,
de la pasión que en mi pecho anida.

No fui suficiente.

Yo no lo sabía,
pero me diste todo,
todo lo que tenías sin miedo ni apuro.

Comida y tiempo,
Amor y ternura,
Y yo sin saberlo,
No valoraba tu gloria.

Ahora lo veo,
Todo fue sincero,
Y siento que yo, no fui suficiente.

Pero te agradezco en demasía,
Que me hayas querido,
Tal y como soy,
Con virtudes y pifias.

El reto es vivir.

Me deleito al ponerme a prueba,
es algo que siempre he disfrutado,
los desafíos y la competencia me impulsan,
la expresión "no puedo" no existe en mi vocabulario.

Siempre busco una ruta,
y si no la encuentro, creo una nueva,
porque cuando me propongo algo, lo logro,
aunque haya algunas excepciones,
pero al final, eso no importa mucho.

La competencia siempre ha sido mi aliada,
después de todo, es solo otro desafío,
no siempre se trata de competir contra otros,
muchas veces, el verdadero desafío es superarme a
mí mismo.

Es increíble presenciar lo que un ser humano puede
lograr,
te invito a que busques tus límites y luego te reto a
superarlos,
descubrirás tu fuerza y alcance, créeme,
es mucho más de lo que imaginas.

Metamorfosis oculta.

En el telar de la vida, tejemos el hilo del cambio, y tú, querida mía, eres la obra maestra en transformación. Tal vez, en la danza de los días, no percibas la sutil metamorfosis que danzas, pero observa con atención y verás que eres la novicia de esta caótica sinfonía.

Las pruebas son retos tallados en el mármol de tu ser, moldeando la fortaleza que ahora te envuelve.

¿Acaso no sientes las diferencias entre la melodía de tu presente y el susurro de tu pasado?

Has crecido, no solo física, sino mentalmente, resistiendo las embestidas del viento, sin doblarte como un junco frágil.

Ya no eres la misma que quebraba en llanto ante la brisa, ahora eres una esencia fortalecida, perceptiva y astuta como un felino en la selva de la vida. Despejaste las sombras de la inseguridad, y ahora te aventuras con audacia en los territorios de lo desconocido.

A veces, en tu proceso, puede que no seas consciente de la obra que se gesta en cada experiencia. Pero, amada mía, todo lo que hemos enfrentado es la forja que esculpe una mujer excepcional en este vasto escenario.

¿Estás lista para continuar en un estado de filosofía mayor, para abrazar los desafíos que aguardan en el siguiente acto de tu proeza?

La pregunta resonará en el eco de tus días, porque la respuesta solo la escribe el tintero del tiempo.

Noches de antro.

Bajo las luces de la fiesta, risas danzan en el aire,
noches de antro, tan joviales y llenas de felicidad.
Bailamos sin cesar, libres en la pista,
tomando alegría en sorbos de risueño licor.
Embriagados de risas, cada beso es un brindis,
una chispa que enciende la noche con amor.

Nos gusta intentarlo todo.
El perreo intenso, vibrando al compás,
la banda movida nos lleva en su corriente.
Las cumbias danzan con vueltas de algarabía,
la sensual salsa y el merengue nos sumergen en su
alegría.

Las noches de antro, colores y risas desbordantes,
donde la música, es el hilo rojo que nos une.
Solo contigo, mi amor, quiero vivir estas memorias,
en la pista brillante, dibujando sonrisas en la historia.

La felicidad es nuestro destino,
noches de antro, risas y amor.

¿Lo recuerdas?
Como en aquella primera ocasión.

Te molesta que sea crudo.

No soy de versos dulces ni de amores cursis,
pagaron caro mis intentos, mi corazón se fracturó.
Romeo quedó en el recuerdo, una sombra del
pasado,
recuperar ese sentir, es una lucha en la que me he
adentrado.

Mi corazón está marcado, heridas que han
endurecido,
como una roca firme en medio del vendaval.
La experiencia talló mi piel, volvíme más directo,
quizás crudo, pero real como la vida misma.

Prefiero la sinceridad, despojada de adornos
innecesarios,
decir las cosas tal cual son, sin rodeos ni enredos.
Este soy yo, sin máscaras ni disimulos,
tómame así, en mi crudeza, o déjame ser libre.

No busco ser el héroe de un romance idealizado,
mi realidad es cruda, la sinceridad es mi bandera.
Si decides quedarte, enfrentaremos el viento juntos,
sí decides partir, respetaré la elección de tu vuelo.

Hay cuentos felices en invierno, sin embargo, no siempre es alegre, para muchos es una época triste. ¿Recuerdas alguna parte triste en tu vida?, ¿Por qué se quedó en ti ese frio y amargo trago?

Capítulo 3.

Primavera.

Pulida claridad de piedra diáfana,
lisa frente de estatua sin memoria:
cielo de invierno, espacio reflejado
en otro más profundo y más vacío.

El mar respira apenas, brilla apenas.
Se ha parado la luz entre los árboles,
ejército dormido. Los despierta
el viento con banderas de follajes.

Nace del mar, asalta la colina,
oleaje sin cuerpo que revienta
contra los eucaliptos amarillos
y se derrama en ecos por el llano.

El día abre los ojos y penetra
en una primavera anticipada.
Todo lo que mis manos tocan, vuela.
Está lleno de pájaros el mundo.

Octavio Paz

Baño de autobús.

En el fragor de la pasión, piel en erupción,
Como dos volcanes, ardor en combustión.
Baño de un autobús, escenario encendido,
Clímax de excitación, en el viaje atrevido.

Sueños de pasajeros, en el suspenso quieto,
Nosotros, dos rinocerontes en feroz dueto.
En la carnicería de deseos desatados,
Arremetíamos, entre trayectos trazados.

Adrenalina a tope, torrente imparable,
Oxitocina en el aire, aroma inigualable.
Bailábamos al compás de la travesía,
Oscilaciones del autobús, danza en armonía.

Del pequeño espacio emergimos cansados,
Ganas desechas, susurros apagados.
Silenciados ruidos, en la penumbra fugaz,
Latidos fulminados, en un éxtasis voraz.

Taxco.

Entre montañas de plata y sol,
un pueblo minero surge con ardor.
Taxco, joya de colores brillantes,
sus pasajes danzan como dos amantes.

Calles estrechas, como hilos de plata,
tejen historias en cada rincón, ¿verdad mulata?
Minas profundas, secretos de la tierra,
plata reluciente, riqueza que encierra.

En la iglesia, sus puertas se abren al cielo,
un templo de fe, misterioso y bello.
Experiencia maravillosa al entrar,
donde la historia se pone a rezar.

Metales y minerales danzan en el suelo,
creación de la naturaleza, todo un modelo.
Observar sus maravillas es un regalo,
la tierra nos revela su tesoro, nada malo.

Luego, el mirador con vistas divinas,
Cristo extendiendo sus manos, sin espinas.

Taxco, joya escondida en la montaña,
canta sus leyendas como una hazaña.
Belleza que cautiva, como un suspiro,
un pueblo minero de plata y zafiro.

La cristalina confianza.

Sentados a la mesa, conversaciones no terminan,
Temas que fluyen, como el río que camina.
Preparando desayunos, cenas, en complicidad,
Mientras el otro termina deberes, con felicidad.

Mensajes en el alma, cuando el otro lo anhela,
Cuidando su salud, cuando el malestar destella.
En la ducha, nos vemos con amor y sin temor,
Virtudes y defectos, unidos en este amor.

Bella es la confianza que compartimos ya,
Desnudando cuerpos, sin miedo, sin disfraz.
Amor y pasión, en cualquier hora del día,
Saciamos nuestras ganas con ardiente valentía.

Consolarnos mutuamente, en embriaguez o risa,
Drogarnos de amor, en la dulce melancolía.
Y entre risas, películas, en nuestra cama acostados,
Disfrutamos la vida, juntos y enamorados.

Es hermosa, esta confianza que compartimos sin final,
Un lazo de amor profundo, sincero y especial,
Mezclamos nuestras almas, sin miedo, sin disfraz.
Bella es la confianza que compartimos ya.

Color Fest.

En otra feria del vino, nos aventuramos con destreza,
experiencia previa, sabíamos lo que era con certeza.

En helicóptero, un viaje rentado con previsión,
alrededor de la peña, vista espectacular, sublime
sensación.

Pero en las alturas, mi cámara favorita voló,
inesperado giro, el viento se la llevó.

En tierra firme, al festival nos acercamos,
botellas compramos, al vino nos entregamos.

Furor de música, emoción en cada rincón,
botellas sin fin, la embriaguez nos tomó sin razón.

Llegada la noche, descubrimos perdidos,
en la inconsciencia desconocida, rendidos.

En el carro, decidimos descansar,
dormir ahí, antes que naufragar y no llegar.

Gran experiencia vivimos, víctimas del vino sagrado,
en ese dulce torbellino, el tiempo se quedó atorado.

Peñamiller.

A menudo lo intentamos, con paso firme,
Peñamiller nos llamaba, un nombre sin límite.
Exótico y prometedor, como un sueño dorado,
Nuestra visita confirmó lo que habíamos anhelado.

Entre montañas erguidas y ríos que decantan,
la emoción nos abrazó, como manta que encanta.
Posas cálidas, oasis en el camino,
refrescamos el alma en su dulce destino.

Mirador que nos regalas, rocas rojas en danza,
figuras cortantes del viento que avanza.
Gracias por el arroyo, cálido y sincero,
que nos llevó a un mundo nuevo, ligero.

Tras charlas amenas, de risas y sueños,
regresamos al auto, a seguir nuestros empeños.

Caminos que se extienden como hilos de vida,
Peñamiller, agradecemos tu bienvenida.
En cada recuerdo, en cada suspiro,
gracias por regalarnos este bello giro.

Rompecabezas.

En mi niñez, un deseo persistente,
juguetes anhelados, pero el destino indiferente.
La pobreza privó mi infancia de alegría,
ahora, mayor, un regalo de amor parecería.

A tu lado, el rompecabezas se despliega,
una actividad que el corazón sosiega.
Pieza a pieza, reto aceptado,
seis horas después, logro terminado.

Quinientas piezas, dificultad media,
un desafío que aceptamos sin tragedia.
Cada pieza, un suspiro de amor compartido,
la figura animada, un gato de misterio tejido.

Rasgos egipcios, como Nefertiti en juego,
un felino gesto, un enigma resuelto.
Así, con paciencia y risas en la mirada,
creamos juntos, una obra delicada.

¿Sabías qué?

Una de las muertes más curiosas en la poesía es la del poeta chino Li Po (o Li Bai) que murió ahogado en el río Yangzi, según la leyenda, por querer abrazar la luna que se reflejaba en las aguas del río, mientras estaba en estado de ebriedad. Li Po, gran aficionado a la bebida, es también el poeta clásico más afamado de China.

Mi pobreza.

Estuviste conmigo, fiel y constante,
cuando más lo necesitaba, en ese instante.
Con la ilusión de comerme el mundo en un segundo,
me quedé sin nada, sin rumbo, en temores
profundos.

Pero siempre fuiste tú, el gran pilar que me sostuvo,
en la tormenta, en la calma, en el camino torcido,
a pesar de mi hambre de grandes lujos y sueños,
me diste hasta lo último, sin titubeos ni empeños.

Gracias te doy por ese detalle, por tu abrazo sincero.
Quien estuvo conmigo en la pobreza, en ese
invierno,
muy seguramente estará en los años de riqueza,
porque el verdadero amor traspasa la pobreza.

Platicas enteras.

Cada que salimos a la carretera,
nuestro vínculo se fortalece de manera certera,
amo nuestras conversaciones, profundas y sinceras,
en ellas descubrimos la esencia verdadera.

Hablamos de todo y de nada en particular,
las palabras fluyen con un ritmo natural,
a veces basta con poner música de fondo,
y sabemos que compartimos un momento profundo.

En ocasiones, sin decir palabra alguna,
nuestros pensamientos en sintonía se desplazan,
preguntarnos por el futuro, los sueños a alcanzar,
o los proyectos que juntos debemos consolidar.

Cada que salimos a la carretera, mi amor,
siento la emoción crecer, un latido interior,
y tocar tu pierna cálida en el asiento,
es provocar en mí una llama, un sentimiento.

La humedad de la pasión se hace presente,
en cada caricia, en cada mirada ardiente,
en el vaivén del camino, en la complicidad,
nuestro amor se enciende con intensidad.

En cada viaje, la aventura se entrelaza,
nuestra conexión se fortalece y abraza,
nuestro viaje se convierte en poesía,
una melodía eterna, llena de armonía.

Alimento del alma.

Aún recuerdo con ternura
Cuando me traías comida
Como un preso me sentía
En el colegio sin ventura.

Y en las bancas de piedra fría
Me dabas tu dulzura
Sin saber que yo quería
Más que tu simple holgura.

Y cuando el tiempo se acababa
Te ibas con prisa
Y yo me quedaba
Lleno de amor y de sonrisa.

Sincera comunicación.

Bajo el dosel del diálogo sincero,
en nuestra relación, un río de acuerdos y desvelos,
la comunicación, un faro verdadero,
que guía nuestro amor en todos sus anhelos.

Palabras que fluyen como ríos en calma,
conversaciones que son música del alma,
en cada palabra, se teje una trama,
fortalece nuestra unión, sin tanto drama.

Los silencios también hablan de deseo,
en cada gesto, un mensaje sin rodeo,
en la comunicación, hallamos el anhelo,
de entendernos mutuamente, sin perder el suelo.

Así, con diálogo conexiones se forjan,
en cada charla, lazos profundos se alargan,
y en la comunicación, los corazones se ablandan,
dando lugar a la pasión que demandan.

Horrendo amor.

Tenía mis dudas en un comienzo, lo confieso,
Pero poco a poco el tiempo te hizo dueña de mi
corazón.
Tu persistencia, un lazo que no puedo negar,
Transformó nuestras dudas en un amor sin razón.

A pesar de los enojos y las molestias que causé,
Tu amor se mantuvo firme, como un faro en la
tempestad.
Me mostraste que el verdadero amor es la fuerza que
nos une,
Y cada día, tu cariño es mi mayor verdad.

Tu amor incondicional, tus dulces tratos, tu mirar,
Son el reflejo de un sentimiento sincero y profundo.
En ocasiones fui ciego, no correspondí tu entrega,
Y ahora lamento cada segundo de ese vagabundo.

Intenté alejarte, temeroso de herirte aún más,
Sin el valor de poner punto final a nuestro cuento.
Pero estuviste a mi lado, inquebrantable, sin titubear,
Soportando mis palabras, mi tormento.

No me escudo en excusas, hubo momentos oscuros,
Palabras hirientes, un trato que no merecías.
A pesar de ello, seguiste con amores seguros,
Hoy confieso mi arrepentimiento, sin agonías.

Eres más que maravillosa, eres mi mundo entero,
En tus brazos encuentro el refugio de mi alma.
Hoy, este poema es mi declaración de amor sincero,
Eres la luz que ilumina mi camino, mi calma.

Motel de carretera.

Hemos trazado un mapa de moteles,
de cada ciudad a la que hemos visitado.
Conocemos con precisión los rincones más bellos.
y los que es preferible no mencionar.

Habitaciones donde dejamos nuestra esencia,
espejos que fueron testigos de nuestra existencia.

Somos la "Wikipedia" de los moteles,
pregunta por una ciudad, y en un instante,
te diremos cuáles son las joyas escondidas,
y cuáles las que es mejor evitar.

No es un logro del que alardear,
pero es digno de mencionar,
cuánto hemos viajado,
y cuánto hemos gozado.

En cada parada, un recuerdo, en cada recuerdo,
un derroche de emociones.
En cada derroche, una aventura de pasiones,
tan mojados como el éxtasis de las bañeras,
o tan secos como la hierba que fumamos.

Cada experiencia es única, irrepetible en su esencia.

Gracias por recorrer tantos moteles a mi lado.

.

¿Sabías qué?

*Las **jitanjáforas**, como las nombró el célebre escritor e intelectual mexicano Alfonso Reyes, son composiciones conformadas por palabras que no significan nada, por palabras inventadas, elegidas, sobre todo, por su musicalidad. Se dice que es un recurso literario originado en la literatura latinoamericana. Un el ejemplo es el poemario Altazor del poeta chileno Vicente Huidobro, en la que parece desembocar todo el libro en un proceso progresivo de descomposición de las palabras que buscara dejar solamente una deleitosa cadencia musical.*

Parques sin final.

Salimos a caminar a parques,
donde el verde nos abraza
Y el aire nos acaricia
con su frescura y su gracia.

Salimos a caminar a parques,
donde las flores nos sonríen
y los pájaros nos cantan
con su alegría y su armonía.

Salimos a caminar a parques,
donde el sol nos ilumina
y la luna nos acompaña
con su magia y su poesía.

Salimos a caminar a parques,
donde el amor nos une
y la vida nos regala
un final de fantasía.

No te importa en realidad.

No importa que tan mal te anime,
siempre regresas con más lealtad,
Buscando consuelo en mi regazo,
Y amor en la eternidad.

No importa si soy sublime,
no te importa en realidad.
Pues amor demuestras en rímel,
que solo buscas felicidad.

Espero algún día comprendas
que esto es una sociedad,
Que juntos cumplimos metas
hasta la vejez alcanzar.

Adrenalina y placer.

En lo prohibido encontramos el deleite,
lo que el mundo juzga con desprecio y pena,
inmoral y condenado,
nosotros lo vemos excitante y poderoso.

El placer de acabar en sitios públicos,
o en la intimidad secreta de la familia,
sobre una avenida bulliciosa,
o escondidos tras una gran piedra.

Ya sea sobornando a los policías corruptos,
o burlando a los vigilantes,
en un cine oscuro de la plaza desierta,
en moteles baratos hediondos,
o en suites lujosas con jacuzzi y piscina de cristal.

La adrenalina de ser descubiertos,
de hacer el amor en cualquier rincón.

La adrenalina de estar frente al peligro,
llenarnos de placer, en silencio y ocultos.

Esa adrenalina, que sé que te encanta,
hoy, la recibirás entera.

El pequeño gran problema.

Problemas que crecen como el ego,
banalidades que escalan el Everest.
Pequeñeces que se hinchan, absurdas,
como el comentario gracioso que no logré.

No siempre estamos de humor para soportar
las trivialidades que se tornan tormentas.
O quizá no te recibí como esperabas,
donde la limpieza es mi canto en el ajetreo del hogar.

Sí erramos en esta danza de desencuentros,
pidamos disculpas, un alivio para el alma.
Evitemos la carnicería, la lucha de egos desatada,
donde la razón se convierte en un campo de batalla.

Hagamos un pacto, en la penumbra de la disculpa
sincera,
ayudémonos a terminar con la tormenta tenebrosa,
en lugar de ahogarnos en la lluvia de palabras
oscuras,
una tregua que desarme la guerra de quien tiene más
la razón absurda.

Pequeños brotes.

Tal vez ya lo sabes, lo insinúo sutilmente,
en el susurro de mis palabras, en la sombra de mis
pensamientos.

La arena del tiempo, un matiz revela,
una decisión sutil, que en mi corazón se cincela.
Tal vez ya lo sabes, pero lo recuerdo con calma,
no deseo ser padre, ni escribir en mi alma esa trama.

No es por ti, amor mío, no cuelgues tristeza en tu
mirar,
no añadas inseguridades bajo el pretexto de mi
elección.
Hace lustros, decidí en el rincón de mis días,
no atar mis alas a la responsabilidad de una vida.

No te entristezcas, no incrementes el peso de tus
cargas,
es una elección premeditada, un pacto con la
libertad.

Acaso no añoras la felicidad de poder salir sin
ataduras,
de danzar libremente en el escenario de tus sueños.

Es una vida corta, y las alegrías son tesoros fugaces,
puede que entiendas que es lo mejor de este camino.

Piernas al hombro.

Desplegaste tus piernas ante mí, como un libro antiguo cuyas páginas anhelaban ser leídas con avidez. Mis ojos, exploradores hambrientos, recorrieron las líneas de tus sentimientos, adentrándome en cada palabra, en cada suspiro que emanaba de tus páginas. Me sumergí en la profundidad de tu ser, una exploración intensa, donde la conexión se forjaba con cada sílaba compartida.

Piernas al hombro, un ritual que repetíamos cada fin de semana, un pacto de éxtasis entre sábanas. En la danza de nuestras sombras, gozábamos y gemíamos, elevando el clímax hasta el mismo cielo, como si nuestras almas se entrelazaran en un abrazo cósmico.

En cada vaivén de caderas, las notas del placer resonaban, como una sinfonía prohibida. Cuerpos entrelazados, piel sobre piel, formábamos un poema en prosa, una historia de deseo que se deslizaba entre las líneas de la noche.

Sudando amor, nuestras esencias se mezclaban, combinando el frío de tus piernas con el ardiente calor de mi interior.

En este juego de contrastes, experimentábamos la pasión en su máxima expresión, como dos almas perdidas buscando el refugio de la lujuria en la penumbra de la noche.

Por ver no se paga.

Por ver no se paga, así dice el refrán antiguo,
una sabiduría que resuena como eco en el tiempo.
No me molesta, ni un poco, si desvías la mirada,
como quien admira un cuadro fugaz en un museo
destinado.

Es normal, comprendo que sera
como contemplar una obra de arte,
una instantánea belleza que acaricia los sentidos.
Puedes mirarlo cuanto quieras, como un sueño
efímero,
pero al final, no puedes llevártelo a casa,
solo es un destello pasajero.

Descuida, si te sucede, si tu mirada se desvía por
momentos,
yo entiendo a la perfección, en un entendimiento
profundo.

La verdadera pregunta que flota en el aire es
¿si tú también comprendes este arte sutil?,
este juego del instante.

Sirena.

Soy frío y sereno, calculador a primera vista,
mis emociones no revelo fácilmente,
pero una vez que ganas mi confianza,
soy un libro abierto sin reservas.

Me muestro sin temor ni inhibiciones.
En ocasiones, un poco de calor,
de amor y cariño, no está mal.

Sin embargo, nada en exceso es beneficioso,
y a veces me abrumas con tus melosidades y
melancolías,
con tus lágrimas y arrebatos.

No deseo que dejes de hacerlo,
solo quisiera que no sea pan de cada día,
déjame extrañarte un poco,
permíteme sentir la pérdida.

Que crezca mi necesidad de buscarte,
y no la de alejarme.

Dame espacio para ser yo quien te busque,
y así me tendrás anhelante, como un loco.
Como el fiel pescador a su amada sirena.

Bajo el sol de la cálida y sensual primavera.

¿Recuerdas alguna historia llena de amor y pasión?,

¿Cómo fue esa entrega a los más amplios deseos?

Capítulo 4.
Verano.

Por fin llegará el verano.
Señoras con sombrillas,
señores que pasean con bastones
y niñas con muñeca
colorearán el pálido paisaje
como si fueran un ramillete brillante.
Tras espesuras de blanco intenso
yace hoy el pueblo.

Las lilas se balancearán con su carga púrpura,
inclinadas por los muchos años.
Las abejas no desdeñarán la canción
que zumbaron sus antepasados.
La rosa silvestre que se abre en el pantano
y el aster de la colina
despliegan sus eternas formas.
Y las firmes gencianas se agitan.
Hasta que el verano guarde su milagro,
como las mujeres guardan su vestido
o como los sacerdotes recogen los ornamentos
una vez que el Sacramento ha concluido.

Emily Dickinson

Solo Veracruz es bello.

Aún lo recuerdo con emoción
aquellas vacaciones de verano,
cuando fuimos a Veracruz puerto
y nos llenamos de amor y de encanto.

Recorrimos el malecón de la mano
y comimos la comida típica del lugar,
degustamos el pescado y el plátano
y nos besamos con sabor a sal.

Fuimos al acuario y vimos maravillas
peces y especies de todos los colores,
nos miramos con ternura y con picardía
y nos dimos un abrazo de calores.

Entramos a varios museos y aprendimos
de la historia y la cultura de la región,
nos reímos con las anécdotas y mitos
y nos admiramos con la enorme tradición.

Terminamos recorriendo la playa en la noche
bajo la luna y las estrellas que nos guiaban,
nos acariciamos con pasión y con derroche
y sellamos nuestros labios mientras se acercaban.

También fuimos a dar un recorrido en lancha
a un lugar hermoso llamado "Cancuncito",
ahí buceamos y jugamos con las anchoas
y vimos lo divino que es el mar y su infinito.

Regresando al hotel nos dimos una ducha
de agua caliente y de besos apasionados,
nos envolvimos en una toalla y en una lucha
y nos entregamos a nuestros deseos desatados.

Fueron maravillosas esas vacaciones
las mejores que he tenido en mi vida,
las guardo en mi mente y en mi corazón
como un tesoro que nunca se olvida.

Excelente comunicación.

En un mundo donde la comunicación parece escapar,
nosotros somos la excepción, logramos sobresaltar.
Muchos no lo creerán, pero es nuestra realidad,
una conexión fuerte, llena de sinceridad.

Cuando algo no te gusta, sin temor lo confiesas,
como un tesoro escondido, revelas tus promesas.
Y yo, simplemente escucho y trato de entender,
para que juntos, podamos crecer.

En esa misma sintonía, yo también respondo,
no con palabras hirientes, sino con amor profundo.
Porque nuestro objetivo es hacer realidad,
un lazo sólido que no se pueda desatar.

Pero hay ciertas cosas que no puedo tolerar,
igual que aquellas, que tanto deseas alcanzar.
A través de nuestra comunicación, las enfrentamos,
y así, juntos, los obstáculos superamos.

Doy gracias a quien nos permitió llegar hasta aquí,
aprender de errores y crecer día tras día.
Es un nivel de madurez que no todos conocen,
así que celebro nuestra excelente comunicación,
un vínculo que nos une con mucha pasión.

Tepoztlán.

En Tepoztlán, nuestro primer viaje,
un lugar mágico, de encanto y coraje.
Su aroma nos llenó, su clima nos abrazó,
y su muralla natural, ¡qué asombro nos causó!

Juntos descubrimos su encanto sin igual,
caminando por sus calles, un placer celestial.
Nieves y quesos, un festín para degustar,
¡qué sabroso y placentero fue todo al paladar!

Subimos el Tepozteco, con valor y alegría,
maravillados por su verde, ¡qué bella melodía!
Parecía que el mundo se pintaba de otro color,
un lienzo de esmeralda, un verdadero honor.

Al llegar a la cima, el paisaje nos cautivó,
nos dimos un beso sobre la pirámide, el amor se
desbordó.
Un momento de homenaje, bajo el cielo tan azul,
un recuerdo imborrable, guardado en el baúl.

Bajamos despacio, recuperando el aliento,
esperaba una comida, un delicioso momento.
Y hasta una michelada, para brindar con emoción,
¡qué viaje a Tepoztlán, lleno de color y tradición!

A tu amante.

No importa cuánto lo disimules,
lo sé, lo susurra tu cuerpo en el silencio desde hace
tiempo.

Un rastro de sombras se cierne entre nosotros.
Tu cuerpo, un lienzo abierto, revela secretos,
que la oscuridad no puede esconder.

Suples mis carencias con virtudes ajenas,
un juego sutil de engaños, una danza de decepción.

La oscuridad en tu mirada revela secretos amargos,
un eco de traición, una melodía de desilusión.

Guarda esa distancia, como un abismo insalvable,
y hazle saber que solo es eso, tu efímero amante.

Vicios.

Nadie lo creerá, pero te he inducido al vicio,
te he llevado, al borde del precipicio.
El gusto por el vino, las visitas a otras dimensiones,
el placer desenfrenado, y los videojuegos en
sesiones.

Recuerdas cómo me preguntabas,
¿por qué tanto jugar?
Desperdiciando la vida, sin nada que ganar.
Hasta que un día, te invité a este mundo,
a la alegría que transporta, a lo más profundo.

Te enseñé los juegos, los mandos y las fórmulas para
ganar,
eras torpe al principio, como un ciervo al caminar.

Pero pronto adquiriste destreza,
para ganarme en mis propios juegos,
lo suficiente para perder el tiempo,
en estos mundos nuevos.

Ahora entiendes que, una hora en un videojuego
son ocho en la vida real.
Puedes pasar una tarde entera jugando,
y no sentirlo hasta que la cena está llamando.

Ahora me entiendes, también estás viciada,
en este mundo de juegos, juntos,
hemos encontrado nuestra morada.

Carrera torrencial.

Nada se compara a caminar de la mano,
platicando, riendo, sin un plan.
Caminar sin fin, sin prado que nos detenga,
nuestra es la aventura y la naturaleza nuestra senda.

Observar los animales, sentir el viento frío,
bajo un cielo nublado, nuestro desafío.
Las primeras gotas caen, corremos esperanzados,
hacia nuestro refugio, por amor creado.

Pero la lluvia es rápida, nos apremia sin cesar,
mis piernas flaquean, quieren descansar.
El riesgo de un rayo, latente en el camino,
corremos empapados, bajo el destino.

Desde sus ventanas, todos nos observan,
dos locos corriendo, la lluvia los conserva.
Deseosos de llegar a casa, bajo la lluvia torrencial,
graciosa nuestra carrera, en aquella tarde pluvial.

¿Sabías qué?

Aunque muchos poetas utilizan la rima, algunos poetas modernos han optado por formas libres, desafiando las convenciones tradicionales, se podría decir que "se están olvidando las rimas".

Imperfectas perfecciones.

Tus ojos cansados, mi dulce musa,
reflejan un día difícil, sin duda.
Tu pelo estropeado, rendido y agotado,
testimonio de un cansancio desbordado.

Tu voz, cual maullido triste y quejumbroso,
busca consuelo y cobijo amoroso.
Tu piel canela y ceniza, quebrantada,
clama ser liberada de la jornada.

En mis brazos te envuelvo con ternura,
caliento aceite, preparo la dulzura.
Un masaje, un instante de fusión,
suavizando tus pesares, con devoción.

En tu vientre, sueños empiezan a tejer,
unidos en el éxtasis de nuestro querer.
En este rincón, donde el amor se enciende,
el cuerpo con el alma se entrelaza y atiende.

No eres solo tú.

En la sombra de mi alma, la decepción reposa,
cuando tomas decisiones sin mi voz, sin mi rosa.
En silencio, el enojo crece, como una mariposa,
batiendo sus alas, perturbante y poderosa.

¿Por qué ignorar mi opinión, mi sentir?
En esta relación, deberíamos compartir
las elecciones que nos hacen vivir,
y juntos, en armonía, persistir.

Recuerda que somos dos, unidos en este viaje,
nuestras decisiones, como hojas en un ramaje,
deben ser tomadas juntos, sin ultraje,
para que el amor florezca, sin coraje.

Aprendamos a escucharnos, a considerar,
las elecciones que juntos debemos enfrentar,
en el diálogo y el respeto, debemos navegar,
para que la decepción y el enojo puedan cesar.

Manos de seda.

Sin importar que te lo pida o no,
siempre estás ahí, fiel y constante.
Sanando mi dolor, con tu amor radiante,
tanto físico como mental, con tu poder curante.

Con tus cálidas manos, suaves y tiernas,
masajeabas mi espalda, aliviando mis penas.
Con tus finos dedos, ágiles y expertos
liberabas mi estrés, y todos mis pretextos.

Pero nada era tan reconfortante, como tu mirada dulce,
como tu preocupación por mí, como tu voz que me
seduce,
como los cuidados que me das, como tu aliento que me
induce,
que de tu corazón recibía, que de tu alma me conduce.

Y con gratitud te pagaba, con besos y abrazos,
los buenos tratos que recibía, con caricias y mimos.
Y con placer te retribuía, con pasión y delirio,
saciando tu deseo en un tango de equilibrio.

Tolantongo.

En el viaje pesado, por brechas y caminos,
avanzamos en un lugar incierto,
como fieles peregrinos.

Pero al llegar,
el cambio fue mágico y completo,
el clima nos abrazó con calor,
un nuevo reto.

La naturaleza y el hombre
se unieron en un abrazo,
Tolantongo,
te convertiste en un monumental lazo.

Grutas y aguas cálidas,
cascada vibrante.
Tu río azul, turquesa diamante.

Las carnitas deliciosas,
muestra de hospitalidad,
nos diste una experiencia
de otra realidad.

Un lugar mágico,
distinto a lo vivido,
En ti, Tolantongo,
encontramos el sentido.

Dualidad efímera.

Bajo un sol que ilumina con su brillo,
la dualidad se muestra en su esplendor,
como un río que fluye, sin desafío,
sincera, auténtica, en su propio interior.

Así, en la paleta de la sinceridad,
la dualidad se muestra en su plenitud,
un arcoíris de amor y libertad,
donde la autenticidad es la virtud.

En cada mirada, en cada sonrisa,
la sinceridad, en su suave brisa,
la verdad de ser quien uno es, reluce,
revela el amor que en el corazón traduce.

Intimidad.

En la intimidad de un abrazo apretado,
nuestros secretos se desvelan sin temor.
Conexión profunda, un regalo anhelado,
en la intimidad encuentra el verdadero amor.

Tus caricias son versos en un libro sagrado,
cada mirada, un capítulo que florece con ardor,
en la intimidad, nuestros cuerpos entrelazados,
descubrimos el lenguaje del alma, con fervor.

Nuestra piel es lienzo de pasión y deseo,
cada suspiro es un verso en un eterno rito,
donde el amor y la intimidad solo son el mito.

Así, en este espacio donde nos entregamos,
la intimidad es el faro que siempre hallamos,
nuestra conexión se fortalece y aclamamos,
el amor que en la intimidad cultivamos.

El filo del enojo.

En el rincón sombrío del corazón herido,
el enojo se posa como un ave agorera,
sus plumas afiladas, sus ojos encendidos,
en nuestra relación, un fantasma que espera.

Las palabras se tornan flechas envenenadas,
el silencio se cierne como muro de hielo,
cada gesto, un puñal en noches estrelladas,
el enojo se adueña, crece sin consuelo.

Pero, en este baile de emociones en llamas,
recordemos que el enojo es solo una trama,
una nube pasajera en el cielo del alma,
que el amor verdadero puede sanar con calma.

Comunicación y empatía, la llave dorada,
para calmar el enojo, dejarlo atrás, olvidado,
en nuestra relación, que sea la risa alada,
y el enojo se disuelva, y se quede apagado.

La ventana.

Es un secreto, dulce complicidad,
entre susurros, anhelos, la intimidad.
Sentir la danza de la piel en fricción,
es un tierno murmullo, una canción.

Aquella tarde, calurosa y seca,
en un castillo de piedra que resplandece.
Ante el tercer monolito, testigo silente,
contemplabas risueña con mirar ardiente.

Desnudé tus piernas, como arte sutil,
lubricando deseo, desechando pasión,
Ardíamos, cual desierto en fuego gentil,
Que todos fueran conscientes de esta ilusión.

Insinuación de caricias, en lenguaje velado,
En el castillo de piedra, un amor revelado.
Suspiros que eran como viento en el desierto,
de nuestro ferviente amor, en secreto descubierto.

¿Sabías qué?

Algunos poemas están deseñados para leerse igual de adelante hacia atrás. Esto agrega una capa adicional de complejidad y creatividad.

Normalmente se le conocen como **palíndromos poéticos**.

Esas ganas de matar.

Acepto albergar impulsos psicópatas,
anhelo infligirnos daño sin compasión.
Un odio repentino, en mí nace,
se eleva desde lo más oscuro de mi vil existencia.

Cuando en mis manos un cuchillo sostengo,
una navaja o incluso un tenedor,
esa maldita sensación de dañarnos me embarga.

Es un impulso que reprimo en lo más profundo de mi
ser,
repentinamente, imágenes sangrientas llegan a mi
mente.
Pero debo ser fuerte,
tan fuerte como mi deseo de evitar la prisión.

JA, JA, JA.

* (solo es una sombría redacción, nada personal)

117

La gran despedida que nunca llega.

En la penumbra de mi despedida no pronunciada,
intenté varias veces, pero el valor se desvanecía.
Cada día, el peso crecía y menos quería herir tu ser,
decidido, sin embargo, a un destino incierto me
entregaba.

Tú, en tus palabras de desesperanza, sugerías
intentarlo,
más decepción que entusiasmo marcaba el camino.
Así pasaron días, y el destino desplegó su tapiz,
la fortaleza nacía de la unión, la motivación de la
pareja.

Aunque la despedida se vislumbraba en el horizonte,
la trama del destino tejía sus hilos invisibles.
Este libro es testigo de un capítulo imprevisto,
una obra que nació del sacrificio de un adiós.

La tristeza se entrelaza con la fragancia del amor,
la felicidad, un eco lejano en la trama de los
recuerdos.
Así, en este poema de vida, donde los sentimientos
danzan,
la despedida que nunca llegó marcó el inicio de un
nuevo compás.

Las lágrimas de tristeza danzaron con las de amor,
la felicidad se tejió en la trama de un llano destino.

Amante del sabor.

No es un secreto.
Mi pasión por la cocina, explorar nuevos sabores,
en ocasiones, fracaso estrepitosamente,
pero otras veces, mis creaciones son deliciosas.

Me encanta consentirte,
a ti y a tus papilas gustativas,
experimentar texturas y sabores,
como lo expresó el pequeño chef Remy de
Ratatouille,
*"...Es como música que puedes saborear,
colores que puedes oler...".*

Es todo un viaje culinario,
como una tabla de carnes, quesos, frutas y vino,
todo lo que nos apasiona,
lo que hacemos y disfrutamos con amor desbordante.

Así de tedioso es vivir soportando un
Amante del sabor.

La rutina del siempre juntos.

No atemos nuestras almas, amor,
no necesitamos la rutina del siempre juntos.
Cada día es una sinfonía única,
una partitura que ambos debemos componer.

No exijo ser tu todo, ni tú, ser mi universo,
separémonos, pero con reglas de amor sincero.
Un fin de semana al mes, un espacio sagrado,
donde florezcan los proyectos personales, la libertad
ansiada.

Que nuestras risas se entrelacen con otras,
disfrutemos de nuevos amigos y caminos.
Salir a caminar, al cine, sin más testigo que la
soledad,
gozar de uno mismo, sin la sombra de rendir cuentas.

Somos fuertes, sin inseguridades que oscurezcan el
sol,
porque en este pacto maduro, somos constructores
de un amor inquebrantable.

Y no mal intérpretes, no es en busca del libertinaje,
tan solo, un poco de la extraña individualidad.

El bufón.

Oh, a veces creo que mi sentido del humor roza la genialidad. ¿Chistoso?
Bueno, admitamos que a veces lo soy, aunque en otras ocasiones me sumerjo en lo absurdo, dejando a la coherencia perdida en algún rincón olvidado.

Esa chispa peculiar me ha llevado a un nivel de autoconocimiento tan elevado que no cualquiera está preparado para mis ocurrencias. Aquí se requiere un licenciado en sarcasmo e ironía para entenderme, y claro, no lo digo para alardear, sino como una advertencia. Si no captas la esencia de mis bromas, querido, es un reflejo claro de tu estado mental.

Entonces, prepárate, porque me muevo en un nivel de humor tan alto que algunos lo confunden con altivez. Pero no, es solo un juego, y si no estás a la altura, bueno, permíteme sugerir que el problema podría residir en tu capacidad para entender **la exquisita ironía de la vida**.

Ah, y en cuanto a ti, querida mía, la risa será tu juez.

¿Acaso fue tu risa la que te convenció para quedarte con este payaso callejero?

Aquel que busca las limosnas de tu corazón, no con elegancia, sino con la torpe gracia de un bufón.

Invítame a delinquir.

Invítame a danzar en el abismo,
donde la oscuridad abraza nuestros pasos.
No temas el destino incierto, que, en esta danza de
sombras, solo encontrarás mi amor, enredado en el
manto de lo prohibido.

Rayemos bardas con nuestros secretos más oscuros,
rompamos cristales que reflejen nuestra
complicidad. Ultrajemos cementerios, violemos la
soledad de las desiertas plazas comerciales, donde
nuestro amor florecerá como una flor venenosa.

Visitemos casas abandonadas, buscando demonios
en las cuevas más lejanas de nuestra conciencia.
Allí, en la penumbra de lo desconocido, encontraré
tu mano y perderemos juntos la noción del tiempo.

Vayamos a delinquir en las calles del deseo, donde
la adrenalina se eleva a mil por hora, como un
suspiro oscuro en la noche.
En esta purga de emociones y pasiones, amémonos
con la intensidad de Harley Quinn y Wazon, dos
almas condenadas, pero unidas por su locura.

Que el amor sea nuestro crimen, la llama que arde en
el corazón de la oscuridad.

En este tango prohibido, donde cada paso es una
infracción, encontraré la eternidad en tus ojos
sombríos.

Invítame a delinquir, que, en el abrazo de lo
prohibido, hallaremos el amor más puro.

Enigma revelado.

En la penumbra del misterio, desvelé mi secreto,
una confesión que quebró el silencio en nuestra
esfera.
Conté quién soy en realidad, en sombras
reveladoras,
tu rostro reflejó la sorpresa, como un enigma que se
desata.

Atónita quedaste, envuelta en la neblina del
desconcierto,
un día donde la verdad se vistió de sombras
intrigantes.
Comprensión, tu regalo en ese instante de
revelación,
en tu mirada, el susurro de un pacto entre tinieblas.

Pero no eres fiel a mis creencias, un distanciamiento
sutil,
una grieta en la armonía de nuestras realidades
entrelazadas.
Te recuerdo, con delicadeza, de mi verdad
enigmática,
como un eco misterioso que resuena en el silencio.

Espero que algún día comprendas, que aceptes la
duplicidad,
que la sombra de la duda se disipe como niebla al
amanecer.

Porque sí, aún sigo siendo así, un enigma que se
desliza,
en el poema de nuestras vidas, entre sombras que se
entrelazan.

Título de propiedad.

En la era pasada, en un tiempo arcaico,
donde la libertad estaba en manos de unos pocos.
La venta de almas y la esclavitud reinaban,
pero esos días, como hojas al viento, se han ido.

Hoy, en el presente, aún persiste la sombra del
pasado,
a veces, olvidamos que la libertad es nuestro
estandarte.
Nadie es propiedad del otro, no es lo correcto,
cada uno es dueño de su destino, de su espacio
perfecto.

Así que, por amor a la claridad, entendamos,
grabémoslo en nuestras almas, que **no somos
propiedad**.
Somos libres, capitanes de nuestras propias sendas,
disfrutando de la privacidad como el viento acaricia
la pradera.

Hagámonos un favor, una lección directa y sincera,
rompamos las cadenas mentales que nos atan.
No somos esclavos de posesión, ni dueños de almas,
entendamos de una vez,
nadie es propiedad de nadie.

En las brisas de un verano aventurero.

¿Recuerdas alguna historia llena de emociones?,

¿Cuál es la experiencia más huella te dejó?

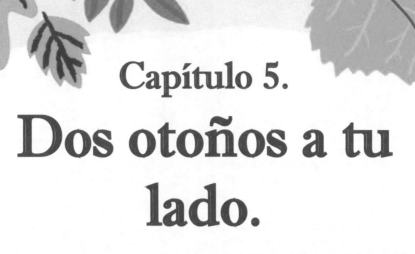

Capítulo 5.
Dos otoños a tu lado.

Aprovechemos el otoño
antes de que el invierno nos escombre
enfrentemos a codazos en la franja del sol
y admiremos a los pájaros que emigran.

ahora que calienta el corazón
aunque sea de a ratos y de a poco
pensemos y sintamos todavía
con el viejo cariño que nos queda.

aprovechemos el otoño
antes de que el futuro se congele
y no haya sitio para la belleza
porque el futuro se nos vuelve escarcha.

Mario Benedetti

Bendita pobreza.

En la penumbra de la escasez,
donde el alma se viste de humildad,
la pobreza se cierne como un manto,
tejiendo hilos de bondad y sencillez.

La pobreza, maestra silente,
nos enseña a mirar más allá,
a encontrar tesoros en la carestía,
a valorar lo que está presente.

En la austeridad, brota el potencial,
como un brote frágil en la sequedad.
Hallamos soluciones en la profundidad,
donde otros no ven nada especial.

Somos arquitectos de nuestro destino,
cada acto, una piedra en construcción,
y en la fragua de la adversidad forjamos,
la grandeza que yace en nuestro camino.

Tú, mi compañera en esta travesía,
cuando la tormenta rugía con furia,
tendiste tu mano, en mi penuria,
y ahora, en esta presión,
me encuentro yo, en cortesía.

Quetzalcóatl.

Como Quetzalcóatl, en cielos alados,
vigilando su pueblo, tan amado.
Así me sentí, en globo elevado,
Teotihuacán abajo, sueño acariciado.

Con el permiso de Ehécatl, dios del viento,
ascendimos a alturas, un suave aliento.
Más de mil pies sobre la tierra querida,
las pirámides del Sol y de la Luna, toda una vida.

Una experiencia única, como un sueño dorado,
un buen aterrizaje, el destino abrazado.
Dice el dicho y lo confirmo con alegría,
"el mejor descenso de mi vida", sin agonía.

Con Champagne brindamos, al cielo agradecidos,
una salida triunfante, con temores vencidos.
Todo salió bien en nuestra visita divina,
Teotihuacán, joya eterna, tu esplendor se ilumina.

Teotihuacán desde las alturas, un tesoro,
con Ehécatl como guía, ¡un vuelo de oro!

Negocios frustrados.

No todo ha sido dulzura y miel,
hemos tenido momentos de cielo y de hiel.
Recuerdas nuestro primer intento fallido,
un emprendimiento que quedó en el olvido.

La inversión se perdió, el fracaso fue rotundo,
y la construcción fallida, un hueco profundo.
Pero de las cenizas, una verdad se alza,
la experiencia ganada, no tiene mala balanza.

No hay libro ni curso que enseñe tanto,
como el caer y levantarse, entre el llanto.
Conocer los problemas, enfrentar el temor,
es necesario para el emprendedor.

Ahora es nuestro tiempo, lo siento en el viento,
hemos aprendido, es nuestro momento.
Se vienen tiempos buenos, lo decreto yo,
porque a pesar de todo, seguimos de pie, los dos.

Tequisquiapan.

Sin grandes esperanzas, llegamos a un rincón
inusual,
pero la plaza nos abrazó, cálida, como un hogar
especial.

Gente sonriente, amable; un mensaje de paz,
tu ruta de quesos y vinos, un festín perspicaz.

Haciendas y posadas, acogedoras, como un cobijo,
colores ricos, sabores espectaculares, ¡un regocijo!

La nieve de vino tinto, un encanto que nos cautivó,
en Tequisquiapan, el alma se maravilló.

Un futuro también.

En el vasto escenario de la vida danzante,
no importa el lugar, ni las horas que avante.
Bajo el manto del destino, sin ataduras,
no importa el lugar, ni sus amarguras.

El reloj implacable, su tic-tac resuena,
hay poco tiempo, y ¿nada vale la pena?
El tiempo, ese lienzo efímero de gozo,
a veces nostalgia, ¿hacemos lo propio?

Lleno de proyectos, el lienzo en expansión,
soñamos con casas, en la imaginación.
Carros que surcan caminos de ilusión,
viajes y descansos, en la misma canción.

En la danza del mañana, sueños palpitan,
Tantas cosas por hacer, pero ¿qué se necesita?
Hay tanto por vivir en el breve almanaque,
que causa un estrés, un verdadero achaque.

Y bajo ese cielo estrellado de esperanzas,
platicamos nuestro futuro, sin mudanzas.
La vida es un río, en sus aguas navegar,
disfrutar cada instante, no solo divagar.

Que la melancolía sea solo un suspiro,
En este viaje incierto, tras el zafiro.
Pues en cada elección, en cada vaivén,
Hacemos del presente, un futuro también.

Medio maratonistas.

Así nos llamaron en plena carrera,
medios maratonistas, ¡qué emocionante espera!
Nuestros corazones aceleraron su latir,
21 km ante nosotros, un desafío a construir.

Con el corazón en una mano, coraje en la otra,
al sonido del pitazo avanzamos, sin derrota.
Dudamos al principio, el final era incierto,
pero la sorpresa aguardaba, un logro abierto.

En los últimos kilómetros, la tentación de claudicar,
pero persistimos, no dejamos de avanzar.
La meta se acercaba, el aliento en desaire,
gritaba la multitud, un coro en el aire.

Entre porras y gritos, cruzamos la línea,
nos felicitamos por la hazaña, la victoria divina.
Este esfuerzo, un premio merecido,
en cada paso, el triunfo compartido.

Medios maratonistas, título ganado,
en la carrera de la vida, un capítulo grabado.
Corazones que laten con fuerza y pasión,
21 kilometros, ¡qué celebración!

¿Sabías qué?

*El **haiku** es una forma poética japonesa, tradicionalmente consta de tres líneas con una estructura de 5 – 7 – 5 silabas. Captura momentos de la naturaleza o la vida cotidiana de manera concisa.*

Agua evaporada.

Lo más sagrado, en ese instante encantado,
te fue arrebatado, susurro desgarrado.

En la vida del agua, danza encantada,
la temperatura elevándose, melodía anhelada.
Cual ferviente geiser, en fulgor desatado,
explosión sentida, en el éter vibrado.

Éramos dos almas en la noche estrellada,
intimidad tejida, en la corriente arrullada.
Bajo el manto celeste, tú y yo a solas,
la corriente nos llevaba, como las olas.

Sentíamos el calor, en la sinfonía del alma,
temperatura perfecta, danza que embalsama.
Lo más sagrado, en el éxtasis de la conexión,
te fue arrebatado, en la experiencia de la pasión.

Las aguas nos contaban secretos profundos,
mientras la melodía del amor tejía segundos.
Como el agua que se eleva en un baile de vapor,
así también brotaba la sustancia del amor.

Pero ¿quiénes somos nosotros para criticar?

En el arte de juzgar, maestros somos,
Criticamos perros, gatos, sin asombro.
Personas y carros, en nuestro escenario,
Somos jueces, con juicio temerario.

Nos gusta la danza de la crítica aguda,
A la gente señalamos, con alma desnuda.
Lo que hacen o dejan de hacer,
Es nuestro deleite, sin piedad, sin deber.

Complicidad tejemos con palabras afiladas,
Inventamos destinos, en noches estrelladas.
Sus desenlaces, en nuestra mente forjados,
A final de cuentas, solo fueron mirados.

Mala suerte la de aquellos en nuestro camino,
Pasar por nuestra vista, destino divino.
En la danza de la crítica, somos los amos,
Jueces de vidas, sin destinos ni reclamos.

Ya lo tengo que dejar.

En la memoria persiste el pesar,
lamento volverlo a recordar.
No es un capricho, es una verdad,
un malestar que no puedo olvidar.

En esa ocasión de tu graduación,
mis planes desviaste con tu invitación.
Aunque tenía otros caminos trazados,
tu deseo fue el que prevaleció.

Era mi momento, mi celebración,
quería estar con mi propia reunión.
En un acto egoísta, sin prevención,
fusionaste dos mundos sin razón.

No me gustó, lo debo expresar,
tenía mis razones para objetar.
Ahora solo te pido con humildad,
avísame con antelación, por favor, al planear.

Que en el futuro, con respeto y cordura,
podamos evitar esa amarga ternura.
Que cada elección sea con madurez,
y no se repitan episodios de insensatez.

Bernal.

Oh, hermosa Peña, majestuosa y grandiosa,
con tu clima desolado, pero la gente tan hermosa.
Qué alegría visitarte, te vistes de muchos colores,
tus caminos son mágicos, llenos de risas y amores.

Nos hablaron de tus gorditas, y sí, son muy ricas,
el pan de queso, ¡qué vida!, otra delicia,
Subir la Peña sin aliento, pero con una chelita en mano,
y admirar el paisaje natural, es un regalo sobrehumano.

La fábrica de dulces, las cavas de vino,
el viaje en cuatrimoto, los teatros divinos.
Artesanías y prendas tejidas, con amor y dedicación,
hacen de la Peña, una senda de inspiración.

Así es Peña de Bernal, con su encanto y su alegría,
un lugar de maravillas, donde cada día es poesía.
Así es la Peña, con su gente y su sabor,
un rincón de nuestro mundo, que se lleva en el corazón.

Afecto y amor.

Bajo el manto del cielo estrellado,
floreció un sentimiento apasionado,
el amor y el afecto, nuestro legado,
en esta relación, un lazo bien anudado.

En tus brazos, el cariño florece,
como un jardín donde el amor engrandece,
nuestros corazones, al unísono, late y enriquece,
la ternura y el afecto que siempre agradece.

Cada mirada, cada palabra tierna,
refleja el amor que en el alma gobierna.
En esta historia que el destino alterna,
el afecto y amor son la fiesta eterna.

Así, en este vínculo, sincero y fuerte,
el amor y el afecto son nuestra suerte,
juntos, enfrentamos cada adversidad,
pues en el amor y el afecto hallamos claridad.

Cien versos.

En el libro de tu ser, soy la tinta ardiente,
que dibuja con pasión nuestra historia envolvente,
cada página, un amor que no se agota ni miente,
nuestra unión, un lazo de gloria resplandeciente.

Cada día contigo, un regalo divino,
en cada amanecer, en cada crepúsculo vecino,
tu amor es mi sol, mi guía, mi destino,
en tus brazos, descubro mi anhelo genuino.

En esta danza juntos, sin final, sin confín,
nuestro amor crece, se fortalece, como un jardín,
cada verso es un voto, una esperanza color jazmín,
que nuestro amor florezca, que nunca llegue a su fin.

Así, en estos cien versos de amor verdadero,
te entrego mi corazón, mi alma, mi sendero,
juntos, navegaremos cualquier mar con empeño,
nuestro amor, eterno, como el más bello sueño.

.

¿Sabías qué?

Las **odas**, son una forma poética lirica, se remontan a la antigua Grecia. Estos poemas expresan sentimientos intensos de admiración y devoción.

Realidad virtual.

¿Sabes por qué algunas personas se sumergen en los
videojuegos?
Porque son la puerta hacia una dimensión sombría,
un escape donde los sueños se vuelven reales.
Detrás del control, nosotros mismos cobramos vida,
y lo que experimentamos es indescriptible:
desde el terror hasta la emoción, lo triste y lo
motivador.

Nos perdemos en ese lugar, donde el tiempo y el
espacio no existen,
donde solo somos nosotros, inmersos en la búsqueda
de la felicidad.

Y sabes, me encanta compartir esa dicha contigo.
Ya sea protegiéndote de las hordas de muertos
vivientes,
ayudándote a superar las plataformas más
desafiantes,
masacrándote en combates mortales,
o uniéndonos para enfrentar a un enemigo
implacable.

Es apasionante,
sobre todo, cuando tú también eres parte de esta
realidad ficticia.
Juntos, creamos un vínculo que trasciende lo
tangible,
fusionando nuestras emociones y sumergiéndonos en
lo desconocido.
Así de emocionantes son los videojuegos.
Así de genial es mi realidad virtual.
Siempre contigo.

Esa maldita soledad.

Esa maldita soledad.
Mi amante más fiel, mi cómplice en la oscuridad, mi
libertad para deshacer el mundo a mi antojo.

Esa maldita soledad.
Mi refugio en la tormenta, el viaje al abismo de mis
pensamientos, mi espejo en la noche más negra.

Esa maldita soledad.
Mi escudo contra este mundo podrido, mi fortaleza
en esta cloaca de existencia, simplemente se
desvanece ante tu presencia encantadora.

Maldita soledad.
Por eso te maldigo, pero también te deseo.
Te odio, pero también te amo…

Centavito.

Centavito, con plumaje verde y amarillo,
como los tonos que pintaban nuestros corazones.
En un tianguis, un destino caprichoso lo cruzó,
y nuestra atención se rindió ante su encanto.

Reunimos cada centavo, incluso los que apenas
valían,
y compramos ilegalmente la alegría que saltaba
de aquí para allá, un pequeño saltarín alado,
nos dejó sin un solo centavo, pero más valía su
alegría.

La ilusión fue transitoria, como el sol que se esconde,
el frío y la tristeza tejieron su manto oscuro.
Un día sin aviso, Centavito ya no despertó,
y lloraste, desgarrando el alma como una niña.

La pérdida fue un lamento que resonó en el aire,
un eco triste en el rincón donde su risa bailaba.
A pesar del dolor, deja una lección hermosa,
un recordatorio de tu amor incondicional.

Tu cariño, un refugio cálido en sus días cortos,
la manera en que lo hacías apreciar la vida.

Centavito, en alas de la memoria, vuela alto,
y en nuestros corazones, tu recuerdo florece con
amor.

¿Por qué yo?

¿Qué secretos descubres en el lienzo de mi ser,
hermosa niña, entre mechones oscuros?
Te observo y la duda se posa en mis pensamientos,
pues no encuentro razones que justifiquen tu mirar.

No porto la belleza que embellece miradas,
ni etiqueta de modales finos que presumir,
más bien, me encuentro en las sombras,
un diablo de coraje, soportando el peso de mis
propios desdenes.

Mis pasos son tercos como el destino trastornado,
mi egoísmo es una danza solitaria e individualista.
Así me presento, con el corazón descalzo y marcado,
entonces me pregunto, amada mía, ¿qué descifras en
mí?

¿Acaso hallas belleza en la tempestad de mi ser?,
¿o encuentras en mis tormentas un rastro de
humanidad?

Será que, ¿en mi terquedad hallas una sinceridad?,
¿o en mi egoísmo, un reflejo de realidad?

Las preguntas danzan en la incertidumbre,
en este espejo roto lleno de imperfecciones, y me
cuestiono,

¿qué habrás visto en mi desordenado ser?

Aquí estaremos.

En la conquista oscurecida se desveló,
fue tan fácil cautivarte, sin un esfuerzo aparente,
¿qué habrá sucedido?
¿Acaso anhelabas el amor tanto como yo?

Una escapatoria de desamor, un remedio efímero,
quizás fuimos clavos que sacaron otros clavos.

No sé qué nos sucedió, sin embargo,
no resultó ser tan complicado.
Y no lo digo desde la altivez,
si no, con un tinte de tristeza.

¿Qué se desvanecía en nuestras almas?
Que nos orilló a practicar la antigua sentencia,
"lo que sea, es bueno".

No importa qué haya sido,
aquí seguimos, presentes,
sin marcharnos todavía.
Eso es lo crucial,
o tal vez,
¿lo desilusionante?

No lo sabremos hasta que la muerte así lo dicte,
para nuestra gracia o desgracia,
bueno o malo,
¡aquí estaremos!

Como saber quién soy.

¿Quién soy yo en este universo?
Solo un eco en la inmensidad del tiempo,
una sombra diminuta en la vastedad de la noche,
perdido en la oscuridad de mi propia existencia.

Pero ¿eso que veo es real?
Mi reflejo en el espejo de tu ser,
una silueta distorsionada por la pasión,
moldeada por el deseo.

Tú,
la que revela mis secretos más íntimos,
aquellos ocultos
incluso en lo más profundo de mi corazón.

La que me muestra mi miedo,
miedo a perderme en ti,
¿Quién soy yo?
Tal vez,
solo sea el abrigo de tus sentimientos.

No tengas miedo.

No temas ser la artífice, la creadora de nuestros momentos,
porque no siempre seré yo quien inicie esta pieza en la vida.
En mis momentos de fatiga o malhumor, deja que tu luz brille,
y toma la iniciativa, como el sol que rompe la oscuridad.

No tengas miedo de ser la protagonista de nuestra historia,
invítame a bailar entre las estrellas o a saborear el mundo.
Llévame a caminar por senderos verdes, donde la naturaleza
sea testigo de nuestra complicidad, nuestro vínculo inquebrantable.

Atrévete a llevarme a la feria, a jugar como niños desbordados de risas,
a sumergirnos en la alegría de lo simple, donde el tiempo se vuelve cómplice.
La iniciativa es un proyecto compartido, un baile de dos almas entrelazadas,
y cuando no sea yo quien dé el primer paso, anhelo que seas tú quien nos guíe.

No temas, amada, ser la creadora de nuestras memorias,
porque en cada iniciativa, en cada gesto tuyo,
descubrimos la magia de un amor que se construye a dúo.

Dos otoños a tu lado.

En los dos otoños a tu lado, el tiempo pareció detenerse, como si el reloj se hubiera rendido ante la belleza de nuestro amor. Cada hoja que caía de los árboles llevaba consigo un suspiro, como un eco lejano de los momentos compartidos.

El primer otoño fue como una paleta de colores en constante cambio. Las hojas doradas, rojas y anaranjadas pintaban un paisaje mágico a nuestro alrededor. Caminamos juntos por senderos cubiertos de hojas crujientes, mientras el viento susurraba secretos de amor en nuestros oídos. En cada paso que dabas a mi lado, sentía que el mundo entero desaparecía, dejándonos solos en un rincón de la eternidad.

El segundo otoño llegó con una calma serena. Las hojas caían lentamente, como confeti de despedida, recordándonos que todo en la vida tiene su ciclo.
Pero nuestro amor no conocía de estaciones ni de tiempos efímeros.

A medida que los días se acortaban y las noches se volvían más frescas, nuestro lazo se volvía más fuerte. Las tazas de café compartidas en la terraza, los abrazos cálidos en las noches frías y las miradas cómplices eran la esencia de nuestro segundo otoño.

En ambos otoños a tu lado, encontré un ritmo en nuestra cotidianidad. Cada día era una sinfonía de sonrisas y complicidad. Nuestros corazones latían al unísono, como dos notas que se complementan perfectamente en una canción de amor. El tiempo pasaba, pero nuestro amor permanecía inmutable, como un faro en medio de un mar agitado.

Estos dos otoños a tu lado fueron como capítulos de un libro inolvidable. Cada página escrita con los momentos que compartimos, cada palabra llena de amor y complicidad.

En el libro de nuestra historia, estos otoños ocupan un lugar especial, como un paréntesis en el tiempo, donde el amor florece en la belleza fugaz de las estaciones, pero sin dejar de cambiar.

Y aunque las estaciones cambien, y los otoños se conviertan en inviernos, primaveras o veranos, que siempre lleves contigo la esencia de estos

"Dos otoños a tu lado"

En los ecos del tiempo.

¿Recuerdas alguna historia que traspase las estaciones de la vida?, ¿Qué plasmarías en las páginas del libro tu vida?

Agradecimientos

Quiero expresar mi más profundo agradecimiento a cada una de las maravillosas personas que contribuyeron en la revisión, corrección estructural y diseño de esta obra literaria. Su esfuerzo y dedicación han dado fruto a un trabajo que transmite emociones de una manera más vibrante.

A mis queridos lectores, no hay palabras suficientes para describir la gratitud que siento hacia ustedes. Su energía y apoyo constante son mi mayor inspiración para seguir escribiendo y explorando nuevas historias.

A mi inigualable familia y amigos, su respaldo incondicional ha sido un faro en los momentos más oscuros. Sus palabras de aliento y su presencia han alimentado mi pasión por la escritura y me han dado la fuerza necesaria para superar cualquier obstáculo.

Finalmente, quiero dedicar un agradecimiento especial a mis "ojos de gato" la señorita Karina Morales, cuya presencia iluminó cada página de esta obra. Su inspiración y complicidad fueron la chispa que encendió la creación de este proyecto, y siempre estaré agradecido por su influencia en mi vida y en mi trabajo creativo.

De corazón, gracias a todos por ser parte de este viaje literario lleno de emociones y significado. Sin su apoyo y colaboración, nada de esto hubiera sido posible. ¡Juntos hemos creado algo realmente mágico!

Acerca del autor

Edgar Corona Grajales, autor de esta obra literaria es un destacado militar egresado del Heroico Colegio Militar. También ha demostrado su perseverancia y dedicación al alcanzar el título de Maestro en Derecho y Ciencias Penales.

Con tan solo 28 años, este talentoso escritor originario de la hermosa ciudad de Puebla de los Ángeles ha logrado cautivar a sus lectores con su profunda sensibilidad y capacidad para transmitir emociones a través de sus palabras.

Entre sus logros más destacados se encuentra la publicación de su libro "Historia de un Sentimiento", una obra que ha conquistado corazones y ha sido reconocida por su estilo único y su habilidad para contar historias cautivadoras.

Con una formación académica sólida y una pasión innata por la escritura, este autor ha consolidado su voz en el mundo literario, convirtiéndose en una figura que promete seguir sorprendiendo a sus lectores con su creatividad y talento.

¿Por qué "Ojos de gato"?

Fue gracias a un poema del autor Carlos Kaballero, al leerlo, tan simple, pero con tanto significado, me encantó para ti, y decidí hacerlo mío, dicho poema me trasmitió lo que realmente yo sentía, y para que puedas entenderme un poco, ahora mismo te lo comparto.

Ojos de gato

Tenía ojos de gato,
De cristal
De sol,
luna
y amanecer.

Tenía los ojos más bonitos
que jamás he visto con los míos.

Y no eran ni grandes
ni verdes
ni azules.

Eran simplemente suyos,
            por eso me gustaban.

[Carlos Kaballero]

Contenido

DOS OTOÑOS A TU LADO.

100 VERSOS DE AMOR.

Edgar Corona Grajales.

Made in the USA
Columbia, SC
10 January 2024

29317037R00091